CONSULTATION

POUR

LES ENTREPRENEURS DE VOITURES PUBLIQUES.

LE CONSEIL soussigné qui a lu 1º le mémoire à consulter rédigé par Mᵉ *Lafargue*, avocat à la Cour royale de Paris, et présenté par MM. *Jailloux*, *Arnoux - Monier* et autres entrepreneurs de voitures publiques ;

2º Divers jugemens du Tribunal correctionnel de la Seine sous les dates des 6 et 14 mai 1825, qui les renvoient des poursuites dirigées contre eux pour diverses contraventions prétendues à l'ordonnance du 4 février 1820 ;

3º Un arrêt rendu par defaut en la Cour de cassation, section criminelle, au rapport de M. le conseiller *Busschop*, le 7 février 1822 ;

CONSULTÉ, sur la question de savoir si les entrepreneurs peuvent être passibles des peines d'amende et d'emprisonnement pour le fait de leurs préposés, conducteurs ou postillons ;

Est d'avis de la négative par les motifs suivans :

En France, les peines sont essentiellement personnelles ; et s'il est de principe, que ni les enfans

2

par suite de la condamnation de leur père , ni les pères , pour celle de leurs enfans , ne peuvent être légalement privés de l'exercice d'aucun de leurs droits politiques et civils, malgré l'influence morale qu'ils sont censés exercer sur des parens aussi proches ; si, par cette raison , la peine de la confiscation des biens a été justement abolie par la loi fondamentale de l'état , on se demande comment une personne pourrait être condamnée, soit pour cause de récidive , soit autrement, à une peine corporelle pour le fait d'autrui.

Serait-il possible qu'on pût donner à une ordonnance royale un sens tel, que l'on dût arriver à une conséquence légale aussi contraire au premier principe de notre droit ciminel?

Jusqu'à la publication de l'ordonnance royale du 4 février 1820 , les devoirs légaux des entrepreneurs de messageries étaient définis par la loi du 29 floréal an 10 , celle du 7 ventose an 12 , les décrets législatifs des 23 juin 1806, et 28 août 1808 , par le Code pénal , et par quelques dipositions isolées des lois de finances.

Aux termes de la loi du 29 floréal an 10 , le poids des voitures, le chargement compris, est fixé dans des proportions qui ont reçu quelques changemens; l'article 4 fixe la quotité du dommage proportionnellement à la surcharge, et en attribue la connaissance à l'autorité administrative. Il est assez remarquable qu'ici l'amende soit qualifiée *dommage ;* en voici le motif : on a considéré que cet excès de chargement détruisait peu à peu les routes ; en conséquence les prestations sont réglées proportionnellement; s'il se fût agi d'amendes véritables, on ne les aurait pas divisées en six classes différentes.

L'art. 6 est ainsi conçu :

« Tout *voiturier* ou *conducteur* pris en contra-« vention ne pourra continuer sa route , etc. »

Si cette disposition n'a pas été changée par la législation postérieure , il en résulte que la peine ne frappe que le voiturier ou conducteur surpris en contravention, et qu'elle n'atteint pas l'entrepreneur.

La loi du 7 ventôse an 12 , en modifiant les bases de celle du 29 floréal an 10, quant au chargement, n'a innové , ni sous le rapport de la compétence administrative, ni sous celui de la qualification donnée à la réparation ; cette loi cependant régit les consultans, puisqu'elle s'applique formellement aux diligences, messageries , ou autre voiture voyageant au trot (art. 6).

Par l'art. 7, le législateur a délégué au gouvernement le droit de modifier le poids des voitures et chargemens; de régler la largeur des jantes, la longueur des essieux , la forme des bandes et celle des clous.

Le gouvernement a usé de ce pouvoir par le décret du 23 juin 1806, qui par son art. 6 fixe le poids des voitures publiques, diligences, messageries, etc., de 2,000 à 3,000 kilogrammes selon la largeur des jantes.

Ce décret, par son art. 27, qualifie *amendes* les restitutions prévues par la loi du 29 floréal an 10 , dont il adopte d'ailleurs et renouvelle la disposition; ainsi l'amende ici n'est qu'une peine civile.

L'art. 38 confirme l'autorité administrative dans ses attributions exclusives, en chargeant seulement les maires d'ordonner provisoirement, par voie de référé, la consignation des droits.

Le décret du 28 août 1808, dont l'ordonnance de 1820 n'est qu'une nouvelle rédaction un peu plus étendue, fixe à son tour la hauteur et le poids des paquets, ballots, ou autres fardeaux sur l'impériale, et il défend d'admettre dans la voiture plus de voyageurs qu'elle n'en comporte d'après la déclaration, comme aussi d'en placer aucun sur l'impériale.

Une ordonnance royale qui, comme les décrets précédens, est un réglement de grande voirie, a, le 24 décembre 1814, fixé pour les messageries, diligences et voitures publiques, la limite de tolérance pour les chargemens laissée indécise par l'art 6 du décret du 23 juin 1806.

Le N° 4 de l'art. 475 du Code pénal est ainsi conçu:
« Seront punis d'amende depuis 6 francs jusqu'à
« 10 francs inclusivement.

« 1°..., 2°..., 3°..., 4° Ceux qui auront fait ou
« laissé courir les chevaux, bêtes de trait, de charge
« ou de monture, dans l'intérieur d'un lieu habité,
« ou violé les *réglemens* contre le chargement, la
« rapidité ou la mauvaise direction des voitures. »

D'abord, il est évident que cet article ne s'applique qu'aux personnes directement commises à la conduite des voitures, et non aux entrepreneurs qui dirigent, du fond de leur cabinet, des voitures sur plusieurs routes à la fois.

Ce qui le prouve, c'est d'abord l'expression employée par le législateur : *ceux qui auront fait courir les chevaux, bétes de trait,* etc., ce qui désigne évidemment les postillons.

Ou qui auront laissé courir, ajoute la loi ; il s'agit évidemment du conducteur, à l'égard des voitures publiques qui ont tout à la fois postillons et conducteur.

On en trouve une autre preuve dans le N° 3 de l'art. 475 qui précède immédiatement celui que nous commentons, et qui les désigne sous le nom de *rouliers, charretiers, conducteurs,* expressions rappelées encore dans l'art. 476.

Mais, dira-t-on, le N° 4 de l'art. 475 ne s'applique pas seulement *à ceux qui auront fait ou laissé courir les chevaux, etc.* ; il s'applique généralement à toute personne qui aura violé les réglemens relatifs au chargement, etc.

Le mot *ceux*, il est vrai, est général, et s'il était constaté en fait que c'est l'entrepreneur lui-même qui a donné des ordres pour le chargement, il serait comme complice directement passible de la peine. Mais le postillon ou le conducteur, dans ce cas, n'en devrait pas être affranchi, malgré l'autorité que leurs maîtres ont sur eux.

Mais il faut qu'il soit constant que l'entrepreneur a directement contrevenu ; et le cas que nous prévoyons ici est fort rare. M. Arnoux, par exemple, demeure à Cambray ; et son établissement principal, le départ de ses voitures est fixé à Paris.

Dans les entreprises dont nous parlons, ce n'est pas l'entrepreneur qui préside au chargement ; c'est le conducteur que ce chargement concerne , d'autant plus qu'il est responsable de sa conservation ; c'est lui qui , à chaque station ou relais, l'augmente ou le diminue selon les besoins et les occurrences, même à l'insu de l'entrepreneur.

Le N° 4 de l'art. 475 du Code pénal ne pourrait donc être appliqué limitativement qu'à *ceux* des entrepreneurs qui dirigent eux-mêmes leurs voitures , et qui rentrent ainsi dans la classe des conducteurs.

C'est ce qu'exprime mieux encore la fin du N° 4 : ceux qui auront violé les réglemens contre le chargement , la *rapidité* ou la *mauvaise direction des voitures*. Ces dernières expressions déterminent le sens de la première ; il en résulte évidemment que la disposition pénale s'applique exclusivement à ceux qui s'emploient au chargement et à la conduite des voitures publiques.

Aussi dans l'art. 476 a-t-on renversé l'ordre des mots.

« Pourra, suivant les circonstances , être pro-
« noncé , outre l'amende portée en l'article précé-
« dent , l'emprisonnement pendant trois jours au
« plus, contre les rouliers, charretiers, voituriers et
« conducteurs en contravention ; contre ceux qui
« auront contrevenu (ici le mot personnellement
« est évidemment sous entendu) à la loi par LA
« RAPIDITÉ, *la mauvaise direction , ou le charge-*
« *ment des voitures ou des animaux.* »

Le législateur n'établit jamais que des peines strictement et évidemment nécessaires ; c'est un principe constitutionnel.

On conçoit que, vis-à-vis d'hommes qui souvent n'ont rien, et qui, par conséquent, échapperaient à toute répression, on ait été obligé de recourir à des peines corporelles ; mais si le législateur avait eu en vue les entrepreneurs eux-mêmes, n'aurait-il pas préféré d'augmenter le taux des amendes?

Les peines corporelles ne sont nécessaires que pour ceux dont on ne peut corriger autrement les habitudes vicieuses ; mais qui pourrait supporter l'idée de voir un maître mis en prison pour le fait de son domestique, fait qu'il n'a pu souvent ni prévoir ni empêcher?

Ce serait un principe tout à fait nouveau et fort étrange en législation.

Et qu'on ne dise pas que la disposition de l'article 476 est facultative ; que le juge pourra affranchir l'entrepreneur de la peine corporelle, si réellement, il n'a participé en aucune manière à la contravention. L'art. 478 ne laisse pas cette alternative en cas de récidive. La peine d'emprisonnement pendant cinq jours au plus, dit la loi, sera toujours prononcée, en cas de récidive, contre toutes les personnes mentionnées dans l'art. 475.

Si donc les entrepreneurs de diligences sont compris dans la généralité des termes du N°4 de l'art. 475, quoiqu'ils ne se mêlent pas directement du chargement et de la conduite de leurs voitures, le juge sera forcé de leur appliquer une peine de prison qu'ils n'auront pas méritée, ou bien pour éviter l'injustice, il déclarera que le fait n'est pas prouvé.

La disposition relative à la récidive, prouve dé-

monstrativement qu'il s'agit de contravention personnelle et directe; car la récidive ne s'est jamais
entendue que d'un fait itérativement commis par la
même personne. On ne connaît pas de récidive en
matière de responsabilité.

La récidive suppose même que l'identité est constatée par acte authentique, et c'est ce que la Cour
de Cassation ne manque pas d'examiner toutes les
fois qu'elle prononce sur des questions de ce genre.

La récidive suppose persistance à faire le mal;
mais l'entrepreneur qui ne peut être à la fois sur
toutes les routes, à côté de tous ses postillons ou
conducteurs, quelle obstination perverse peut-on lui
supposer, puisqu'il s'agit d'un fait qui lui est étranger
et qu'encore une fois il n'a pu souvent ni prévoir ni
empêcher?

Eh quoi! le postillon qui aurait commis le délit,
serait à l'abri de toute peine, et ce serait le maître
qui irait en prison !

Il est impossible de prêter au législateur cette
absurdité.

Autre objection, qui prouve encore plus l'impossibilité d'appliquer aux entrepreneurs personnellement les articles 475, 476 et 478 du Code
pénal; c'est que l'entrepreneur qui a des voitures
sur plusieurs routes, lesquelles vont aux extrémités
de la France, pourrait être obligé de comparaître,
pour les contraventions de ses préposés, en même
temps à Marseille et à Douai, à Brest et à Strasbourg.

Et si, par hasard, la société qui exploite l'entre-
prise était constituée sous la forme collective ou

même anonyme, comme cela existe à l'égard de plusieurs, quel est celui des gérans que l'on mettrait en
prison?

La loi serait immorale, si elle obligeait d'appliquer
une peine corporelle à celui qui n'a point voulu blesser
l'ordre public et personnellement offenser la loi; les
peines corporelles perdraient alors toute leur effica-
cité; elles ne seraient plus le dernier terme assigné pour
réprimer les hommes pervers qui troublent la société.

La loi, au lieu de récompenser des hommes indus-
trieux qui paient de si grands impôts à l'état, et qui
aident si puissamment au développement de l'indus-
trie, serait sans cesse armée contre leur liberté personnelle !

Et pourquoi, lorsque la répression est ouverte
contre les délinquans véritables, lorsque la responsabilité civile suffit dans tous les cas, pour protéger la
société ou les voyageurs contre les abus et les calculs
de l'intérêt personnel ?

Au reste, jamais jusqu'à la publication de l'ordonnance du 4 février 1820, une telle interprétation n'a
été donnée au Code pénal; le silence des arrêts à ce
sujet ne laisse aucun doute sur l'exactitude de l'interprétation que nous avons donnée aux art. 475, 476
et 478 du Code pénal.

Voici maintenant l'économie de l'ordonnance du 4
février 1820.

Elle rappelle d'abord les obligations des entrepreneurs et propriétaires relativement au nombre
de places, qui doit être déclaré, sous la peine établie par l'art. 3, tit. III de la loi du 29 août 1790

(art. 1 , 2 , 3 et 4); elle les assujettit, par l'art. 5,
à tenir registre du nom des voyageurs, et à enregis-
trer leurs paquets.

Viennent ensuite :

L'art. 6, qui défend aux *conducteurs* de prendre
en route aucun voyageur, de recevoir aucun paquet
sans en faire mention sur la feuille;

Et l'art. 7, qui défend d'admettre dans les voitures
un trop grand nombre de voyageurs, et n'accorde
qu'au conducteur la faculté de se placer dans le pa-
nier de l'impériale, pour surveiller le chargement.

L'art. 8, celui qui est applicable dans l'espèce,
est ainsi conçu :

« Le poids des paquets, ballots ou autres far-
« deaux placés sur l'impériale, pourra être d'autant
« de fois 25 kilogrammes qu'il y aura de places dans
« les voitures à quatre roues; ce poids sera réduit
« à 10 kilogrammes pour les voitures à deux roues.
« Jamais les poids ne devront être dépassés; l'éléva-
« tion de la charge sera au plus de 40 centimètres
« sur les voitures à quatre roues, et de 27 centimè-
« tres sur les voitures à deux roues. »

Cet article ne disant rien des personnes qui sont
responsables de cette nature de contravention, on a
pu dire sans doute comme on l'a fait dans un arrêt
de la section criminelle, du 7 février 1822 (affaire
Jailloux), qu'il concerne directement les propriétaires ou entrepreneurs de ces voitures.

Oui sans doute, il les concerne, s'il est prouvé en
fait que ces propriétaires ou entrepreneurs ont personnellement présidé au chargement; mais s'il est

constaté qu'ils n'étaient pas présens, et que ce sont leurs conducteurs ou préposés qui ont fait ce chargement, pourra-t-on les rendre passibles de la contravention prévue par cet article?

Est-il vrai de dire, avec l'arrêt du 7 février, « qu'il « résulte tant du texte que du titre de l'ordonnance « royale, que les personnes employées pour le char- « gement des voitures, sont censées, *de droit,* n'agir « que par les ordres desdits propriétaires et entre- « preneurs, et que conséquemment toute surcharge « ou contravention doit être considérée comme le « fait propre et personnel de ceux-ci? »

D'abord, on ne peut pas admettre en pareille matière, une présomption de droit, sans une disposition précise et textuelle de la loi; car il s'agit d'une fiction, et d'une fiction qui aurait pour but l'application d'une peine corporelle. Pour que l'entrepreneur ou propriétaire fût personnellement punissable du fait d'autrui, il faudrait que la loi le dît expressément, ou que cela résultât forcément de son texte.

Si, par exemple, l'ordonnance avait dit que les entrepreneurs ou propriétaires seront *exclusivement* tenus de veiller au chargement, la conclusion qu'en a tirée l'arrêt du 7 février serait exacte; il ne s'agirait plus que d'examiner si une ordonnance de grande voirie a pu créer une telle fiction de droit, ce qui seroit une autre question de droit public.

Mais, puisque l'art. 8 se tait à ce sujet, il faut se reporter nécessairement à l'art. 475 du Code pénal, qui, comme on l'a démontré, ne s'applique ni *exclu-* *sivement,* ni même naturellement, aux propriétaires ou *entrepreneurs*, et qui, au contraire, ne s'applique à ces propriétaires que par exception.

L'arrêt du 7 février, tire argument tout à la fois du texte et du titre de l'ordonnance.

Mais d'abord, on sait que les ordonnances sont rédigées sans aucun titre; que les titres, quand elles en ont, sont l'œuvre d'un commis du bureau des lois, que ni le Roi ni même son ministre ne certifient l'exactitude de ce titre; et il est de fait que la plupart des titres des ordonnances sont fautifs ou incomplets. C'est une remarque qui a été faite par tous les jurisconsultes.

Même à l'égard des lois, leur titre ne peut fournir d'argument; c'est un point de doctrine attesté dans une savante dissertation de M. Dupin, qui sert d'introduction à son recueil, intitulé *Lois des Lois*, n°71.

« Pour connaître au juste l'objet d'une loi, ce
« n'est jamais à son titre qu'il faut s'arrêter; le titre
« d'une loi n'est pas l'ouvrage du législateur; les
« lois se décrètent sans titre, et le titre que chacune
« d'elles porte dans le Bulletin n'y a été mis que par
« le directeur de l'imprimerie royale, sous l'inspec-
« tion du ministre de la justice. C'est un point de
« fait dont la certitude ne peut être contestée.

« Dans une contestation où les héritiers d'un an-
« cien colon de Saint-Domingue invoquaient les
« sursis accordés par l'art. 1er de l'arrêté du 19 fruc-
« tidor an 10, prorogé par le décret du 20 juin 1807,
« la Cour de Bordeaux avait, par arrêt du 23 août
« 1808, décidé qu'il n'y avait pas lieu à sursis, « at-
« tendu que l'arrêté du 19 fructidor an 10 n'a pour

« objet que les colons de l'île de Saint-Domingue ,
« et que depuis long-temps Demontis avait cessé
« d'être colon, puisqu'il s'était retiré en France
« dès 1788, après avoir vendu la totalité des pro-
« priétés qu'il avait à Saint-Domingue. » Mais cet
arrêt fut cassé le 30 juillet 1811, par ces motifs :

« Considérant que si, d'après le titre de l'arrêté
« du 19 fructidor an 10, le sursis ordonné par l'ar-
« ticle 1er de cet arrêté semble ne concerner que les
« colons proprement dits, néanmoins la disposition
« de cet article embrasse dans sa généralité tous les
« débiteurs pour cause de vente d'habitations, à
« Saint-Domingue, sans distinguer si ces débiteurs
« sont ou non restés habitans de cette colonie, et
« propriétaires desdites habitations; que lorsque la
« disposition littérale d'une loi ou d'un arrêté du
« gouvernement est expresse, générale, et ne ren-
« ferme aucune modification, il n'est pas permis aux
« tribunaux d'en restreindre l'application à tels ou
« tels individus, sous le prétexte qu'eux seuls sont
« dénommés dans le titre de la loi ou de l'arrêté, ou
« d'après de prétendues considérations d'équité,
« que le législateur a seul le droit d'apprécier, etc.»

Il est donc jugé par la Cour suprême elle-même
que l'on ne peut puiser dans les titres d'une loi, une
raison de décider ou d'interpréter.

Ici il s'agit d'une disposition pénale que l'on irait
puiser dans le titre non d'une loi, mais d'une ordonnance. Cette manière d'argumenter doit être rejetée.

Quant à l'argument tiré par l'arrêt du 7 février

1822, du *texte* de l'ordonnance, il pourrait avoir plus de force ; mais, à cet égard, la difficulté se résout par une distinction.

Il est très vrai que, dans l'ordonnance du 4 février 1820, il est des dispositions de police qui concernent *directement* les propriétaires ou entrepreneurs des messageries, et nous-mêmes nous venons d'en signaler qui ont leur appui dans la loi.

Il ne s'agit pas dans l'espèce de traiter une question générale, mais de savoir si l'article 8 s'applique aux entrepreneurs.

Or, cela ne résulte ni du texte ni de l'esprit de l'ordonnance, et nous croyons que l'erreur de l'arrêt consiste précisément à avoir généralisé ce qui devait être spécifié.

Supposons, par exemple, qu'il s'agisse d'une contravention, pour avoir conduit les chevaux avec trop de rapidité, ou pour n'avoir pas enrayé, cas prévu par l'art. 475 du Code pénal, et par l'art. 10 de l'ordonnance, l'entrepreneur ou le propriétaire qui n'est pas en même temps le conducteur de la voiture, qui est loin du lieu où se commet la contravention, peut-il en être déclaré directement passible, tandis que le postillon ou le conducteur, seuls auteurs de la contravention, resteraient impunis ?

Cela répugne à la raison ; l'ordonnance royale non seulement n'autorise pas dans son texte une pareille décision, mais elle l'exclut formellement, puisque dans ce cas elle ne parle que des conducteurs ou des postillons.

Il n'est donc pas vrai, en thèse particulière, que l'ordonnance concerne exclusivement les propriétaires ou entrepreneurs, et qu'ils soient censés *de droit* contrevenir par l'entremise de leurs préposés.

Une telle fiction, tout à fait inconnue dans notre droit criminel, n'est écrite nulle part; elle ne pouvait pas l'être; elle ne résulte ni implicitement ni explicitement de l'ordonnance.

Cette ordonnance ne peut être appliquée par les tribunaux que selon les distinctions qu'elle-même a faites. Voyons donc quelles sont ces distinctions, et achevons de démontrer que l'arrêt du 7 février a trop généralisé un principe de responsabilité, qui, d'ailleurs, peut être vrai dans certains cas.

Nous avons parlé de l'art. 6, qui n'est relatif qu'au conducteur, lorsqu'il prend en route des voyageurs sans les inscrire, et de l'art. 7, lorsqu'il admet un trop grand nombre de voyageurs dans l'intérieur, et qu'il permet que l'impériale soit occupée par d'autres que par lui.

L'art. 8 est celui que nous venons d'interpréter. L'art. 9 est relatif à la construction des voitures, aux banquettes d'impériale, aux places de galerie, à la largeur des jantes, à la force des essieux; la violation de ces règles ne peut sans doute être imputée qu'aux propriétaires ou entrepreneurs; mais il est d'autres contraventions, dont la répression ne peut évidemment être poursuivie que contre les personnes commises à la conduite des voitures.

L'art. 10 de l'ordonnance est ainsi conçu :

« Les propriétaires ou les entrepreneurs sont
« garans de tous les accidens qui pourraient arriver
« par leur négligence.

« La conduite des voitures ne pourra être confiée
« qu'à des hommes pourvus de livret.

« Elles seront dirigées par deux postillons, ou
« par un cocher et un postillon, toutes les fois
« qu'elles seront attelées de plus de cinq chevaux,
« ou de cinq chevaux dont le cinquième en arbalète.

« Les voitures seront enrayées toutes les fois
« qu'elles parcourront une descente rapide. Le
« sabot d'enrayage sera placé par le conducteur ; les
« postillons ne pourront sous aucun prétexte des-
« cendre de leurs chevaux.

« Il leur est expressément défendu de conduire
« les voitures au galop sur les routes, et autrement
« qu'au petit trot dans les villes ou communes
« rurales, et au pas dans les rues étroites. »

Cet article si bien développé justifie les distinctions que nous avons faites. Il définit les devoirs res-
pectifs des entrepreneurs ou propriétaires, des
conducteurs et des postillons.

Relativement aux premiers, l'ordonnance les dé-
clare *garans* ; ils ne sont donc pas passibles directement des peines corporelles.

Il n'appartiendrait certainement pas à une ordonnance de créer une responsabilité dans l'ordre civil
ou criminel ; car le pouvoir qui fait les ordonnances

n'est pas législateur, il n'est au contraire chargé que de l'exécution des lois.

Nul reproche d'excès ou d'usurpation de pouvoir ne pourra être adressé au gouvernement, si la garantie dont il est parlé dans l'art. 10 n'excède pas les termes du droit commun.

Or l'art. 1384 du Code civil porte qu'on est responsable non seulement du dommage que l'on cause par son fait, mais encore de celui qui est causé par le fait des personnes dont on doit répondre ou des choses que l'on a sous sa garde ; et spécialement les maîtres et les commettans répondent du dommage causé par leurs domestiques et préposés dans les fonctions auxquelles il les ont employés.

Ainsi, quand l'art. 10 de l'ordonnance n'existerait pas, l'art. 1384 suffirait pour que les propriétaires et entrepreneurs des messageries fussent rendus passibles *civilement* des faits de leurs conducteurs ou postillons.

L'art. 10 de l'ordonnance du 4 février 1820 respecte les limites de la loi, en disant : « Les proprié-« taires ou entrepreneurs sont garans des accidens « qui pourraient arriver par leur *négligence*. »

Ainsi, un entrepreneur qui ferait conduire sa voiture par un préposé non pourvu de livret ou incapable, serait justement déclaré garant ; car il y a là négligence.

Ainsi, l'entrepreneur qui n'aurait pas donné à ses voitures les dimensions prescrites, et n'en aurait pas assuré la solidité, serait encore garant.

Ainsi, celui qui n'aurait pas préposé deux postillons aux voitures attelées de plus de cinq chevaux, serait encore responsable.

En un mot, le principe de la responsabilité est général ; et toutefois l'art. 1384 du Code civil est interprété d'une manière plutôt restrictive qu'extensive par l'alinéa premier de l'art. 10 de l'ordonnance royale du 4 février 1820.

Cette ordonnance est sage et juste ; elle n'a dit ni trop ni trop peu.

Après avoir défini, selon le droit commun, la responsabilité des entrepreneurs ou propriétaires, après leur avoir imposé la loi de ne confier leurs voitures qu'à des hommes pourvus de livrets, elle s'occupe dans le reste de l'article des devoirs personnels des conducteurs et des postillons.

Nous disons que ces devoirs sont *personnels ;* il est bien évident en effet que le placement du sabot d'enrayage par le conducteur, la défense faite au postillon de quitter les chevaux à la descente, l'injonction de ne pas conduire les chevaux au galop sur les routes, au grand trot dans les villes ou communes, et celle d'aller au pas dans les rues, ne concerne nullement les propriétaires ou entrepreneurs qui ne sont pas sur les lieux.

Dans le cas où , par suite de contravention à la disposition, il arriverait des accidens, les propriétaires ou entrepreneurs seraient garans sans doute , conformément à l'art. 1384 du Code civil et à l'art. 10, alinéa 1er, de l'ordonnance ; mais ils ne seraient pas passibles de la peine d'emprisonnement.

Ainsi l'ordonnance royale , bien loin de vouloir

ajouter au Code pénal, se renferme dans les limites
les plus sages du droit commun.

Il était échappé à l'art. 12 de rappeler les dispositions du décret de 1808 qui prononçait une peine
de 50 fr. d'amende, et du double, en cas de récidive, contre tout voiturier qui ne céderait pas la
moitié du pavé aux voitures des voyageurs.   .

Eh bien, tel a été le respect du gouvernement
du Roi pour la séparation du pouvoir législatif et du
pouvoir réglementaire, il a si bien reconnu qu'il ne
lui appartenait pas d'instituer de peines, que par
une ordonnance du 15 mai 1822, il a dit :

« La peine déterminée par l'art. 475 du Code
« pénal sera appliquée aux voituriers et charretiers
« contrevenans aux dispositions du 3ᵉ § de cet ar-
« ticle. En conséquence l'art. 12 de notre ordon-
« nance du 4 février 1820, en ce qui concerne la
« quotité de l'amende, est rapporté. »

Ainsi le gouvernement a témoigné hautement qu'il
ne voulait pas instituer d'autres peines que celles
établies par la loi antérieure ; et l'on irait chercher
dans le titre, ou dans les dispositions générales de
cette ordonnance, une induction pour faire appliquer aux entrepreneurs ou propriétaires de messageries les peines corporelles établies par les art. 475,
476 et 478 du Code pénal contre ceux qui ont personnellement délinqué !

Non ; l'ordonnance de 1820 n'est qu'un réglement
de grande voirie, parce que le Roi est encore aujour-
d'hui, comme il l'était avant la révolution, au témoi-
gnage de Loiseau, le grand voyer de son royaume ;

il fait réprimer administrativement, mais non exclusivement, par les conseils de préfecture et le conseil
d'Etat, conformément à la loi du 29 floréal an 10,
la contravention à ces réglemens, de même que les
tribunaux de simple police répriment et punissent
tous les jours les infractions aux réglemens de petite
voirie établis par les maires.

Or, de même que les maires, dans leurs ordonnances de police, ne peuvent ni créer des peines,
ni établir de responsabilité autre que celle prévue
par la loi générale du royaume, de même le Roi ne
peut ni ne veut (nous venons d'en donner la preuve)
instituer ni pénalité ni responsabilité exorbitante, par
ses réglemens de grande voirie.

Il y a même cela de remarquable, que jamais l'autorité administrative, quoique investie par la loi du
droit de prononcer sur les contraventions de grande
voirie, ne peut prononcer de peine corporelle.

Les peines corporelles sont réservées au délinquant lui-même : on ne peut pas suppléer par une fiction à une disposition pénale ; d'ailleurs, non seulement l'ordonnance du 4 février 1820 n'a établi
cette fiction ni par son article 8 ni par aucun autre,
mais elle la repousse par son article 10 alinéa 1er.

Cet article ne parlant que de la *garantie* des accidens, écarte par cela seul des propriétaires ou entrepreneurs, l'application des peines corporelles, et
même celle des amendes, qui sont des peines.
Cet art. 10 rappelle l'art. 1384 du Code civil, qui
n'est relatif qu'à la garantie civile et à la réparation
du dommage causé par les accidens, responsa-

bilité que les entrepreneurs n'ont jamais déclinée.

Dans l'espèce, le Tribunal de police correction-nelle de la Seine a affranchi MM. Arnoux-Monier et Compagnie, et M. Jailloux, non seulement de toute peine corporelle, mais même de toute amende, et avec raison; en effet, d'une part, il est déclaré en fait, par les procès-verbaux et par le jugement, qu'aucune contravention personnelle, relative à la surélévation des chargemens, ne pouvait leur être imputée, ce qui suffisait pour écarter l'application de l'art. 475 du Code pénal; et d'autre part qu'il n'est arrivé aucun accident. L'article 10 de l'ordonnance du 4 février 1820, même pris dans le sens d'une responsabilité pénale, demeure donc sans application.

On oppose, quant à l'application de l'amende seulement, les motifs d'un jugement du Tribunal de Versailles du 9 avril 1822, rendu par suite du renvoi après cassation, ordonné par l'arrêt de la Cour de cassation du 7 février; ceux d'un arrêt du 6 juin 1811. Dans son jugement du 9 avril, le Tribunal de Versailles a considéré que l'art. 145 du Code d'instruction criminelle permet de citer soit le délinquant, soit la personne civilement responsable; qu'en ce dernier cas, il n'a pu être requis et prononcé contre elle, que des peines d'amende, dommages et intérêts et dépens, et non une condamnation d'emprisonnement, qui, en principe de droit et d'équité, ne peut se prononcer que personnellement contre celui vis-à-vis duquel la contravention a été régulièrement établie.

Le ministère public ne s'est pas pourvu contre ce jugement, et il ne l'a pas attaqué dans l'intérêt de la loi. Ainsi l'autorité de l'arrêt de la Cour de cassation du 7 février se trouve déjà invalidée dans la partie relative à l'application de la peine corporelle.

Quant à l'amende, la disposition du jugement de Versailles est contraire à l'art. 10 de l'ordonnance de 1820, puisque la négligence de l'entrepreneur n'a point été constatée, et qu'il n'y a point eu d'accident; elle est donc purement arbitraire.

La Cour de cassation a jugé, le 6 juin 1811 (Sirey, 11, 1, 314), qu'en matière de douanes l'amende n'est point une peine proprement dite; qu'elle doit être considérée comme une réparation du préjudice causé à l'Etat; qu'elle ne peut donc être assimilée aux peines qui sont personnelles, et ne peuvent être appliquées qu'à ceux qui ont commis le délit.

Que cela ait été ainsi prononcé en matière de douanes, qui est régie par une législation expresse, nous le concevons très bien, puisque la loi est formelle; mais il n'y aurait rien à en conclure, relativement à la matière qui nous occupe, à moins qu'il n'y eût une disposition législative analogue ; elle existe pour l'excès de chargement (art. 4, loi du 29 floréal an 10, art. 27, décret du 23 juin 1806); parce qu'en effet cette contravention spéciale cause un tort à l'Etat en détériorant les routes; mais il n'en est pas de même de la surélévation qui n'opère pas excès de chargement, puisqu'un carton de femme,

excédant la hauteur voulue , constitue cette contravention.

Il n'en est pas de même , surtout quand il s'agit ,
comme dans l'espèce , du jugement contre M. Jailloux, en date du 6 mai, où il est question de diligences courant au galop sans être enrayées.

Dans ce cas l'amende ne peut pas être assimilée
à la réparation du dommage , puisqu'il n'y en a pas ;
ainsi on ne peut comprendre l'amende parmi les
réparations civiles , en vertu du droit commun et
de l'art. 1384.

Aucun des faits sur lesquels ont statué les jugemens du 6 et 14 mai 1825 dénoncés par le ministère public à la Cour de cassation, ne rentre dans
le cas de responsabilité prévu par l'art. 10 de l'ordonnance du 4 février 1820.

D'un autre côté, non seulement ces jugemens ou
les procès - verbaux qui ont donné lieu aux poursuites , ne constatent pas que la surélévation ou surcharge soient le fait personnel des propriétaires ou
entrepreneurs ; ils constatent au contraire qu'ils sont
restés personnellement étrangers à ces contraventions.

Ainsi les articles 475, n° 4 , 476 et 478 du Code
pénal , considérés comme sanction de l'article 8 de
l'ordonnance du 4 février 1820 , ne sont point ap-
plicables aux entrepreneurs de voitures publiques ;
et ceux-ci , sauf leur responsabilité civile , sans exception et pour tous les cas , envers le public, ne
sont point passibles des peines corporelles et des

amendes pour des contraventions qui ne sont point de leur fait personnel.

La Cour de cassation ne peut reviser les faits déclarés constans par les juges de ressort ; elle ne peut donc casser les jugemens qui lui sont dénoncés.

Telle est l'opinion des soussignés.

Délibéré à Paris, le 3 octobre 1825.

ISAMBERT.

DELACROIX-FRAINVILLE.

BILLECOCQ.

GAUTHIER-BIAUZAT.

J. MÉRILHOU.

J'adhère à la consultation ci-dessus. parce qu'il est indispensable de distinguer dans la législation sur la matière, les *contraventions personnelles* des entrepreneurs, de celles de leurs préposés. Celles relatives aux chargemens des voitures ne sauraient être *personnelles* aux entrepreneurs, non plus que celles relatives au placement du sabot, à la rapidité, à la mauvaise direction des voitures ; parce qu'il est de toute impossibilité que les entrepreneurs s'acquittent en personne des obligations imposées aux chargeurs, aux conducteurs, postillons, etc. Lors même que la

loi les aurait assujettis à veiller *en personne* au chargement du lieu *du départ*, ce qui n'est pas, elle n'aurait pu les obliger à veiller *personnellement* à celui du
retour, parce qu'il est physiquement impossible que
les entrepreneurs, qui expédient sur diverses routes,
soient en même temps au lieu du départ et aux divers
lieux de destination. Les entrepreneurs offrent un
préposé qui est personnellement passible des peines
des contraventions relatives aux chargemens ; c'est
le conducteur chargé de les effectuer : et l'on sait
que les *conducteurs* sont des employés principaux
dont la solvabilité et la moralité offrent une garantie
réelle. Les entrepreneurs sont bien certainement responsables de toutes les condamnations civiles qui
peuvent être prononcées par suite de ces contraventions ; mais on ne peut leur appliquer personnellement la peine de contraventions qu'ils n'ont point
commises ni pu commettre, sans blesser les principes
élémentaires de la législation criminelle.

BOURGUIGNON.

LE CONSEIL soussigné, qui a pris connaissance de
la consultation qui précède et du mémoire à consulter qui y est relaté, est d'avis que, hors les cas qui
leur seraient personnels, les entrepreneurs de voitures publiques ne peuvent être condamnés ni à
l'emprisonnement ni à l'*amende* pour les contraven-

tions commises par leurs facteurs, conducteurs et agens.

Il ajoute que, si la Cour de cassation a jugé qu'en matière de douanes, l'amende n'est point une peine proprement dite, elle a été autorisée à le décider ainsi par la législation spéciale qui règle cette matière, et notamment par le texte des art. 20, tit. 13, et 29, tit. 2 de la loi primitive des douanes du 22 août 1791, copiés dans le mémoire.

Mais la législation qui règle les entreprises de voitures publiques n'offrant aucune disposition de cette espèce, on ne peut appliquer aux entrepreneurs, pour des faits qui leur sont étrangers, une amende déterminée par le Code pénal, puisque cette amende est une véritable peine, en dehors du cercle de la responsabilité civile, et que la loi n'a décernée que contre les auteurs des contraventions.

Delibéré à Paris, le 8 octobre 1825.

LEGRAVEREND.

ARRÊT.

Ouï le rapport de M. Buschopp, conseiller, les observations de Mᵉ Isambert, avocat du sieur Jailloux, défendeur intervenant, et les conclusions de M. de Vatimesnil, avocat-général ;

Considérant qu'il résulte de l'art. 74 du Code pénal, combiné avec l'art. 1384 du Code civil, qu'en principe général la responsabilité des maîtres et commettans à raison des crimes, délits et contraventions commis par leurs préposés, est essentiellement civile ; qu'elle ne peut donc, hors les cas formellement exceptés par des lois spéciales, être étendue aux peines que leurs préposés auraient encourues ;

Considérant qu'il est établi et reconnu au procès, que le sieur Jailloux est personnellement étranger aux contraventions à l'ordonnance du 4 février 1820, qui ont donné lieu aux poursuites intentées contre lui : que ces contraventions ont été commises par ses préposés à la conduite des voitures publiques, dont il est le propriétaire et l'entrepreneur ;

Que sa responsabilité à cet égard n'a point été étendue, soit par ladite ordonnance, soit par une loi spéciale quelconque, au delà des limites d'une responsabilité purement civile ;

Qu'il s'ensuit donc, qu'aucune des peines d'amende et d'emprisonnement encourues par ses préposés ne pouvait, dans l'état des faits du procès, lui être appliquée ; et qu'en le décidant ainsi par le jugement dénoncé, le tribunal correctionnel du département de la Seine, n'a violé aucune loi ;

La Cour rejette le pourvoi du procureur du roi.

Fait et prononcé à l'audience publique de la Cour de Cassation, section criminelle, à Paris, le 18 novembre 1825.

La Cour a rendu deux autres arrêts semblables, en faveur de M. Jailloux et de M. Arnoux-Monnier et compagnie.

PARIS, IMPRIMERIE ET FONDERIE DE J. PINARD,
RUE D'ANJOU-DAUPHINE, N° 8.

www.ingramcontent.com/pod-product-compliance
Lightning Source LLC
LaVergne TN
LVHW051333200726
843510LV00002B/629